EASY SPANISH STORIES FOR BEGINNERS

*5 Spanish Short Stories
For Beginners*

Learn Spanish With Stories

storyling

https://storyling.cor

CONTENTS

INTRODUCTION

We are increasingly becoming connected to one another – us of these new generations that consider ourselves more as *'citizens of the world'* than citizens of our birthplace; the world is becoming closer than it has ever been, and horizons are looking nearer and more accessible than ever.

Young people are focusing more on travel in modern times, with many abandoning the dreams of important jobs, big degrees and real estate that worried the youngsters of previous decades, and both the experiences and the integration that can be found in foreign cultures have become more relevant to those who are reaching the age of maturity.

But how do we manage to cope with the biggest barrier that presents itself in traveling - *language?* This is an issue to be solved in this book.

How we change the way you learn foreign languages

You see, this book has been created by us at Storyling for you who want to become conversational and eventually master the Spanish language.

Driven by the amazing language-learning tool we have created for students of all ages, Storyling.com is continually producing amazing content in the form of stories and articles that are provided to our students in written and audio form, allowing them to develop their Spanish through the amazing **RwL method** (Reading while Listening), which has been proven to produce results that can greatly surpass those accomplished by traditional textbooks or purely conversational learning.

You see – through the **Reading while Listening** method, language students have demonstrated a significant increase in foreign language fluency, a higher sense of focus, better pronunciation, and their general language test results have been superior to those using other methods of learning. Furthermore, we allow you to translate parts or all of the story with a single click of the *Translate* button, as well as save words as flashcards for future reference during your studies! We are covering all the bases to guarantee you efficiency!

What this book can provide you

In this sense, we have created this book as a way of introducing you to our language-learning tool if you are still unfamiliar with it, gifting you with 5 amazing stories (selected from among the many incredible stories on Storyling.com) that you will find in their original Spanish versions, covering various real-world subjects that will keep you gripped until the very end.

We've also provided vocabulary lists and summaries for each of these stories, opening up the possibilities of not just reading them, but also of studying their contents and improving your vocabulary and both your listening *and* reading comprehension.

How to get the free audio

We have made these stories available to you within our Storyling platform so you can try it out and listen to the audio at the same time, for free! You can get access to these stories at Storyling.com/sp5

Now that we've covered it all and you're ready to start learning, it's time to venture forward and start studying like a boss with Storyling!

Happy with this content? Get hundreds of more stories: We're waiting for you at www.storyling.com; once you're done reading this, get on there to truly immerse yourself in the Spanish language.

P.S. If you want to master this language, there are no shortcuts, you need to immerse yourself in the language and Storyling helps you do that quicker and easier than ever before.

WHAT IS STORYLING?

Storyling is an innovative language learning platform that uses the RwL method (Reading while Listening) to increase language acquisition.

The five stories for you provided to you in this book are just a few of our large collection of stories that you can find on Storyling.com that utilizes this innovative method.

With Storyling you can not only listen to the story while you read it but if you don't understand a word you can translate with a single click.

This leads to a higher flow in your language learning studies.

You can read the five stories in this book for free on the Storyling platform if you go here:

Storyling.com/sp5

Now, enjoy the stories!

STORY 1

LA CIMA DEL MUNDO
THE TOP OF THE WORLD

Find the audio for this story: Storyling.com/sp5

Era una escena impresionante, y Rodrigo sonrió cuando llegó a la cima del **inmenso pico de la montaña**. Tuvo que luchar para **recuperar su aliento**, y sacó una cámara tomar una fotografía. Mary subió un momento después, y ambos alzaron la cámara para tomarse una *selfie* de este momento épico que habían logrado juntos. Quizás no eran las Himalayas o Aconcagua, pero aún era una de las montañas más altas del mundo que habían subido.

El pico Denali se alzaba a más de veinte mil pies, y ambos aventureros habían soñado en alcanzarla tras haber tomado el **montañismo** como su pasión por los últimos seis años.

Ahora, era una realidad.

"¡Este es el momento que hemos estado esperando, Rodrigo!" gritó Mary, abrazando a su hermano y mirando hacia la **inmensidad** del mundo a su alrededor. Alaska era un estado hermoso; una verdadera maravilla de la naturaleza que habían

5

estado explorando ya de hace un tiempo, pero el clímax de su viaje había llegado cuando habían subido a la cima de esta hermosa montaña.

"Estoy orgulloso de nosotros," respondió Rodrigo, finalmente sentándose en el pico de la montaña y mirando hacia los cielos. "Papá estaría orgulloso."

Habían **honrado su promesa** a él de esta forma, subiendo a la cima que él había intentado alcanzar en dos ocasiones anteriores, y se sentía que finalmente le estaban dando la **despedida** que merecía.

"Así sería," respondió Mary, antes de corregirse: "Así es. Hemos hecho lo que él quería que hiciéramos, y él está mirando a sus hijos ahora mismo, admirando nuestros esfuerzos. Lo hemos hecho para él, y él lo sabe."

"Tienes razón, **herma**."

Siguió un largo silencio mientras sacaban sus raciones diarias y las comieron, disfrutando cada **mordisco** tras unas largas veinticuatro horas. Finalmente, Mary hizo la pregunta que hacía falta hacer.

"¿Hacia dónde vamos ahora, Rodrigo?"

Su hermano giró a verla con una **expresión rara** y asintió.

"Al Everest, Mary," dijo con determinación. "Subiremos la montaña más alta del mundo."

Resumen de la historia

Rodrigo y Mary son hermanos que aman las montañas que finalmente han subido al pico Denali, una montaña de más de veinte mil pies ubicado en Alaska. Su padre había intentado subir, pero no lo había logrado; por esto, los hermanos sienten que estaría orgulloso de ellos. Tras descansar y comer, planean su próxima gran escala: el Monte Everest.

Summary of the story

Rodrigo and Mary are two siblings that love climbing mountains and who have finally climbed the Denali peak, a mountain of over twenty thousand feet of height in Alaska. Their father had attempted to climb it, but had not been successful; for this reason, the brother and sister feel that he would be proud of them. After resting and eating, they plan their next big climb: Mount Everest.

Vocabulary

- **Inmenso:** Immense
- **Pico de la montaña:** Mountain peak
- **Recuperar su aliento:** Recover their breath
- **Montañismo:** Mountaineering
- **Inmensidad:** Immensity
- **Honrado su promesa:** Honored their promise
- **Despedida:** Farewell
- **Herma:** Bro/Sis
- **Mordisco:** Bite
- **Expresión rara:** Strange expresión

Questions about the story

1. **¿Qué hicieron los hermanos tras subir la montaña?**

   a) Gritar de la alegría

   b) Tomar una fotografía

   c) Grabar un video

   d) Bailar

2. **¿Desde cuándo hacían montañismo Rodrigo y Mary?**

   a) Desde hace seis meses

   b) Desde hace cinco años

   c) Desde que eran niños

   d) Desde hace seis años

3. **¿En cuántas ocasiones había intentado subir el pico el padre de ambos hermanos?**

   a) Dos veces

   b) Seis veces

   c) Una vez

   d) Nunca

4. **¿Cuántas horas habían pasado desde su última comida?**

   a) Tres horas

   b) Veinte horas

   c) Seis horas

   d) Ninguna de las anteriores

5. **¿Quién decidió que escalarían el Monte Everest?**

   a) Mary
   b) Rodrigo
   c) Su padre
   d) Otra persona

Answers

1. B
2. D
3. A
4. D
5. B

STORY 2

LA BÚSQUEDA DEL OSO HORMIGUERO THE SEARCH FOR THE ANTEATER

Find the audio for this story: Storyling.com/sp5

Corría el mes de febrero del año 1999 y Juliana, una niña de 9 años de edad, **anhelaba** salir de vacaciones para volver a la **granja** de su padre, donde sentía que era verdaderamente libre.

En ese inmenso lugar, ella podía **pasear** por los alrededores con sus **pies descalzos**, tomar frutas directamente de los árboles, sentir la naturaleza, el viento en su cabello y jugar con su adorado **oso hormiguero** *Terry*.

Terry era un hermoso animal, con su particular **pelaje grisáceo**, enormes **garras**, **hocico** alargado y una larga lengua que no dejaba escapar a ninguna hormiga.

Su exótica mascota había sido rescatada por Manuel, el padre de Juliana, cuando era apenas un **cachorro**, después de que su madre fuera asesinada por **cazadores furtivos** en el bosque.

Aunque pensaron en alimentarlo y cuidarlo sólo por unos días, hasta que se recuperara por completo y estuviera lo suficientemente fuerte como para volver a su hábitat natural, todos se **encariñaron** rápidamente con la indefensa criatura y pensaron que si retornaba al bosque, solo, moriría.

Ella era una niña **sensible**, amorosa y muy inteligente, a quien le encantaba cuidar de los demás, por lo que se sintió comprometida a **socorrer** al pequeño oso hormiguero apenas lo vio.

— Papá, ¿cómo se va a llamar? No podemos seguir llamándolo "oso hormiguero" si vamos a ser su familia. — Su padre soltó una **carcajada**.

— Ay, hija. No te puedes quedar con todos los animalitos que pasan por aquí. ¿Qué voy a hacer contigo? — Respondió él con **ternura**.

— Sabes que no sobrevivirá si lo regresamos al bosque. Él necesita una familia que lo atienda y le dé mucho amor. Por favor, por favor, por favor. — Dijo ella, poniendo la mirada más triste y **suplicante** que podía.

— Está bien, pero sólo por esta vez. — Ella comenzó a saltar de emoción y abrazarlo. — Espera un momento, debes recordar que una mascota es una gran responsabilidad, y que ésta no es como un perro, un gato o un hámster; este animal es muy especial y tiene necesidades diferentes, si quieres que se quede con nosotros debes aprender a cubrirlas. — **Concluyó**.

—Sí, papá, lo sé. ¡Gracias! ¡Gracias! ¡Gracias! No te

arrepentirás, lo prometo. Lo llamaré *Terry*, como ese **peluche** que tenía cuando era bebé. – Respondió seriamente Juliana, convencida de su **autosuficiencia**.

Durante un par de semanas, Juliana cumplió muy bien su palabra. Se sentía feliz y orgullosa de asumir responsabilidades como toda una niña grande. Al menos hasta que terminaron las vacaciones y le tocó regresar a su casa e ir a la escuela a retomar sus deberes.

Acudía a la escuela a diario, puntual como siempre, entregando sus tareas a tiempo y obteniendo excelentes **calificaciones**; pero todos los días recordaba a Terry y le preguntaba a su papá cómo estaba.

Sebastián y Alejandro, los dos hermanos mayores de Juliana, solían cuidarlo mientras ella no estaba, pues ellos ya eran adultos y trabajaban en la granja de su padre.

Mientras más pasaba el tiempo, más ganas tenía Juliana de que llegaran las vacaciones para volver a jugar con Terry. Ella se imaginaba que él habría crecido bastante y esperaba que la **reconociera**, después de todo, habían pasado varios meses desde su último encuentro.

A Juliana le encantaba su escuela, adoraba a sus maestros, se llevaba muy bien con todos sus compañeros de clases; y, de hecho, les había contado todo sobre su peculiar mascota, desde cómo se llamaba hasta cómo fue que su padre lo rescató. Todos la escuchaban **atentamente**, fascinados con sus historias tan entretenidas.

Y así fue como pasaron los días, en **cuenta regresiva**, con muchas expectativas de lo que las vacaciones traerían. Algunos compañeros de Juliana irían a visitar a sus abuelos, otros tendrían que ayudar a sus padres con los negocios familiares y otros estarían en cursos de idiomas. Pero Juliana iría a la granja y vería a Terry.

Finalmente, llegó el día más esperado por Juliana.

Toda la escuela tuvo su fiesta de fin de curso y se divirtieron como nunca, aunque tenían sentimientos encontrados. Por un lado, estaban felices de que llegaran las vacaciones pero, por el otro, se sentían tristes por tener que separarse de sus amigos por un tiempo.

Cuando Juliana llegó a casa, abrazó a su madre y le contó todo lo que había pasado en la fiesta.

— Javier tropezó con una piedra y se arrojó un vaso de agua encima, Valentina ganó el primer premio en un juego muy divertido que jugamos todos y la maestra se puso a llorar al despedirnos, diciendo que fuimos unos niños muy buenos, inteligentes y **colaboradores**. — Le contó Juliana a su madre, con evidente emoción.

Ana, su madre, la escuchaba atentamente y ponía caras graciosas cada vez que Juliana le contaba algo nuevo, para hacerla reír.

En ese momento llegó su padre, con una cara de preocupación y tristeza que Juliana no le había visto antes. – ¿Qué pasó, papá? ¿Por qué tienes esa cara de **angustia**? ¿Estás bien? – Ambas lo **atropellaron** a preguntas.

– Nada. No pasa nada. Es que… bueno, después les cuento. ¿Cómo le fue a mi princesita en su último día de clases? – Respondió él, tratando de disimular.

– Nos estás preocupando, Manuel. – Le contestó Ana. – ¿Es algo grave? Recuerda que somos tu familia y estamos aquí para resolver los problemas juntos. – Él respiró profundo. Ella tenía razón.

– Es que… Terry… desapareció. – Casi no podía terminar la frase, pues no quería romperle el corazón a su pequeña hija.

–¿Cómo que desapareció? ¿A qué te refieres?– Preguntó la niña, con lágrimas en los ojos.

– De verdad lo siento, Juliana. Tú sabes que tus hermanos han cuidado mucho de él pero, cuando fueron a buscarlo ayer, no estaba. Entonces se separaron para poder encontrarlo más fácilmente, sin resultados.

– Pero, papá, dime, por favor ¿qué crees que le pudo pasar? No creo que se haya escapado, él era muy feliz junto a nosotros. – Dijo ella, entre sollozos.

– No quería tener que decirte esto así, hija, pero es probable que los cazadores furtivos lo hayan encontrado. – Confesó, sin poder ocultar más su **pena**. – A pesar de todas las precauciones que tomamos con él, hay personas malas y **sin escrúpulos** a quienes no les importa la vida de estas criaturas indefensas. – Esta vez, la rabia se veía en sus ojos.

Juliana comenzó a llorar sin parar, abrazando a su madre, quien también se sentía **afligida** por el cruel destino de ese pobre animal.

A pesar de esto, la niña se detuvo, levantó su cara, secó sus lágrimas y le dijo a sus padres: – ¿Saben una cosa? Terry puede estar vivo. Sí, yo siento que él no cayó en manos de esos cazadores. Así que mañana iremos a la granja y yo misma lo buscaré. – Se veía más determinada que nunca.

Manuel y Ana se quedaron sorprendidos ante la actitud de la niña, aunque sentían que sólo estaba en **negación** y que ya no había nada que hacer. Intentaron explicarle, se lo dijeron de mil maneras, tratando de no romper sus ilusiones, pero Juliana simplemente no los escuchaba.

Salieron al día siguiente, muy temprano en la mañana, rumbo a la granja. Los padres de Juliana no querían verla llorar de nuevo, pero podían **intuir** que no encontrarían al animal, por lo que trataron de distraerla durante el camino.

Después de conducir por varias horas, estaban a punto de llegar a su destino, la hermosa y enorme granja que tanto amaban.

Por primera vez en su vida, Juliana no se sentía feliz de volver a la granja, sino decidida y un poco **angustiada**. No podía esperar para encontrar a Terry y demostrarles a todos que estaban equivocados.

Apenas se detuvo el automóvil, la niña se bajó de un salto. A pesar de que era un oso hormiguero, ella empezó a llamarlo por su nombre, como si de un perro se tratara.

– ¡Teeeeeerryyyyy! ¡Terry, precioso, vuelve, por favor! – Gritaba la niña. Por donde pasaba iba revisando cada rincón, cada hueco, cada árbol. No quería que su mascota pensara que no la estaba buscando.

– Tal vez no me haya reconocido o escuchado mi voz. – Dijo ella, con esperanza en sus inocentes ojos.

Sus padres dejaron que ella misma lo buscara, la acompañaron y ayudaron en todo momento.

Habían pasado varios días desde que el animal había desaparecido y, aun así, nadie había parado de buscarlo.

Juliana fue perdiendo las esperanzas poco a poco, al ver cuánto se esforzaban todos y sentir que la búsqueda no estaba dando ningún resultado. No habían encontrado ningún rastro de él.

Se le empezaba a hacer demasiado **doloroso** buscarlo, pues ella se había encariñado demasiado con ese exótico animal y aún no había aprendido a lidiar con una situación así. No quería perderlo.

Finalmente, se **resignaron**. Se acabó la búsqueda. Juliana les pidió a sus padres que la llevaran de vuelta a casa. Estaba demasiado triste como para seguir allí, sin su adorada mascota.

Ellos accedieron, pero antes le explicaron a la niña que las mascotas pueden perderse o enfermarse, que la muerte es algo natural y que ellos siempre estarían allí para ella. Siempre. Incluso cuando ella creciera, fuera independiente y tuviera sus propios hijos, a quienes tendría que explicarles lo que ella acababa de escuchar.

Y así fue como, entre risas y llanto, Juliana entendió. Aunque su corazón se había roto, ella sabía que contaba con sus padres y que todo estaría bien si ellos estaban allí. Se sintió muy **agradecida** por su apoyo, y porque no la estaban **subestimando** a ella ni a su dolor.

Rápidamente tomaron el camino de vuelta a casa. Juliana iba muy **pensativa**, callada, distante.

De pronto, a pocos metros de la salida de la granja, vieron algo muy extraño: una gran masa negra y gris que **sobresalía** de un agujero en el que no habían buscado porque estaba muy lejos de los árboles donde solía **treparse** el oso hormiguero.

— ¡TERRY! — Gritaron los tres **al unísono**.

Manuel estacionó rápidamente el automóvil a un lado del camino, **incapaz** de creer la suerte que habían tenido.

Por un momento, el animal se asustó e intentó **ocultarse** nuevamente en el **agujero** de donde había salido, pero al sentir a la niña se quedó **paralizado** y esta vez esperó a que ella se acercara.

Éste era el día más feliz de su vida pues, después de haber perdido las esperanzas por completo y estar absolutamente **desconsolada**, Juliana volvió a tener a su mascota consigo, de la manera más **inesperada**.

Todos lloraron de felicidad y volvieron a la granja a darles las buenas nuevas a los demás.

Desde ese día, Juliana aprendió que nada dura para siempre, y también aprendió a valorar cada instante con sus seres queridos.

Resumen de la historia

Un niñita llamada Juliana tiene un oso hormiguero como mascota en la granja de su padre, el cual cuida como si fuera un perro o gato. Su emoción crece mientras que, a pesar de estar en la escuela, el momento se acera y pronto verá nuevamente a su mascota. Aún así, su padre pronto le dice que su animal se ha perdido, y que los cazadores furtivos probablemente lo hayan matado. Juliana, rehusándose a creer que la mascota se ha encontrado un fin tan terrible, sale con sus padres en busca de él. Finalmente, mientras intentan aceptar que el oso hormiguero ya ha partido, se cruzan con él, y ambos son reunidos nuevamente para siempre.

Summary of the story

A little girl named Juliana has an anteater as a pet at her father's farm, which she cares for as if it was a dog or cat. Her excitement grows as, having spent time at school, the moment approaches when she gets to see it once more. However, her father soon tells her that the animal has gone missing, and that poachers have probably hunted it down. Juliana, refusing to believe that her pet has reached this terrible fate, goes out with her parents in search of him. Finally, just as they begin to accept that the anteater is gone, they come across it, and both girl and her pet are reunited for good.

Vocabulary

- **Anhelaba:** Looked forward to
- **Granja:** Farm
- **Pasear:** Walk
- **Pies descalzos:** Bare feet
- **Oso hormiguero:** Anteater
- **Pelaje grisáceo:** Grayish coat
- **Garras:** Claws
- **Hocico:** Snout
- **Cachorro:** Pup
- **Cazadores furtivos:** Poachers
- **Encariñaron:** Grew fond of
- **Sensible:** Sensitive
- **Socorrer:** Aid
- **Carcajada:** Cackle
- **Ternura:** Affection
- **Suplicante:** Begging
- **Concluyó:** Concluded
- **Peluche:** Plush toy
- **Autosuficiencia:** Self-sufficiency
- **Calificaciones:** Grades
- **Reconociera:** Recognize her
- **Atentamente:** Attentively
- **Cuenta regresiva:** Countdown
- **Colaboradores:** Cooperative
- **Angustia:** Anguish
- **Atropellaron:** Overwhelmed
- **Pena:** Grief
- **Sin escrúpulos:** Unscrupulous
- **Afligida:** Mournful
- **Negación:** Denial
- **Intuir:** Sense
- **Angustiada:** Anguished
- **Doloroso:** Painful
- **Resignaron:** Quit
- **Agradecida:** Thankful

- **Subestimando:** Underestimating
- **Pensativa:** Thoughtful, Pensive
- **Sobresalía:** Stood out
- **Treparse:** Climb onto
- **Al unísono:** In unison
- **Incapaz:** Unable
- **Agujero:** Hole
- **Paralizado:** Frozen, Paralyzed
- **Desconsolada:** Heartbroken
- **Inesperada:** Unexpected

Questions about the story

1. **¿Qué nombre tenía el oso hormiguero?**

   a) Fido

   b) Rover

   c) Terry

   d) Garras

2. **¿De qué color era el oso hormiguero?**

   a) Negro

   b) Grisáceo

   c) Marrón

   d) Blanco

3. **¿Qué pensaba inicialmente el papá de Juliana que le había pasado al oso?**

   a) Que se había ahogado

   b) Que algo se lo había comido

   c) Que había huído

   d) Que había sido cazado

4. **¿Qué sentía Juliana cuando recibió la noticia sobre la desaparición de su oso hormiguero?**

   a) Angustia

   b) Ira

   c) Orgullo

   d) Hambre

5. **¿Dónde estaba el oso hormiguero al final de todo?**

   a) Aun en casa

   b) En el bosque cercano

   c) Muerto

   d) A pocos metros de la entrada de la granja

Answers

1. C
2. B
3. D
4. A
5. D

STORY 3

CAMBIO DE PERSPECTIVA
CHANGE OF PERSPECTIVE

Find the audio for this story: \underline{\text{Storyling.com/sp5}}

No fue hasta el momento en el que entré al hospital que supe lo que era hacer contar cada segundo que te queda de vida y tratar de sacar lo más posible de ella.

Toda mi vida me había quejado: protestando sobre los estudios, el trabajo y las responsabilidades, **lamentándome** porque no me sentía bien por una gripe, o **quejándome** que había recibido menos dinero que el mes anterior, y que mi vida estaba yendo mal...

...no tenía ni la menor idea.

No tenía idea de cómo les va la vida a ciertas personas.

El destino mismo me llevó hasta ese hospital, para trabajar como voluntario cuidando de niños y adultos que sufrían de una terrible enfermedad que puede atacar a cualquiera independientemente de que si lo están esperando o no — el *cáncer,* ese **asesino perfecto** y **destructor de familias**, y posiblemente la peor enfermedad absoluta que uno puede desarrollar con **el pasar de los años**, cuando se trata de todo lo que causa directa e indirectamente.

Sólo un día en ese hospital fue suficiente para que yo viera lo que estaba ocurriendo en todas partes del mundo, las condiciones de salud de sus pacientes **dándome** una sorpresa tan grande que lo sentí como una literal **cachetada** cuando entré y comencé a conocerlos a todos.

Los pacientes de cáncer son un caso distinto a los de otros pacientes, ya que están batallando lo **despiadado** de un tumor o **células malignas** parecidas que lentamente drenaba la vida que les quedaba y les recordaba cada día que estarían muertos dentro de los próximos pocos años. Aquellos sufriendo del cáncer tenían que ser motivados continuamente y en todo momento; si no, era casi seguro que se rendirían con la vida y serían **propensos** a morir más rápido que ellos que sí eran motivados.

Y al final, nadie debe sufrir de esas enfermedades, especialmente si significa estar sufriendo de dolor e **incomodidad** por años, si es que logras vivir tanto.

Yo, personalmente, jamás voy a subestimar a un paciente de cáncer nuevamente. Sean fuertes, ahora y siempre. Mis pensamientos están con ustedes.

Resumen de la historia

El narrador es una persona que toma la decisión de comenzar a trabajar como voluntario en un hospital, cuidando pacientes con cáncer. Esta experiencia le permite aprender que existe más en la vida que las cosas superficiales como el dinero o pasar un pequeño mal momento – realmente hay personas que están sufriendo y perdiendo a sus familiares allá afuera. Ahora, jamás subestimará nuevamente a una persona que sufre de cáncer.

Summary of the story

The narrator is a person who takes the decision of beginning to work as a volunteer at a hospital, taking care of patients with cancer. This experience allows them to learn that there is more in life than the shallow things like money and going through a small bad time – there are people out there who are truly suffering and losing their relatives. Now, they are never going to underestimate a person with cancer ever again.

Vocabulary

- **Lamentándome:** Regretting
- **Quejándome:** Complaining
- **Asesino perfecto:** Perfect killer
- **Destructor de familias:** Destroyer of families
- **El pasar de los años:** The passing of the years

- **Dándome:** Giving me
- **Cachetada:** Slap in the face
- **Despiadado:** Ruthless
- **Células malignas:** Malingnant cells
- **Propensos:** Prone
- **Incomodidad:** Discomfort

Questions about the story

1. ¿A qué día de trabajo en el hospital entendió el narrador que el cáncer es un problema muy grave?

   a) Al segundo día
   b) Al primer día
   c) En el último día
   d) Nunca

2. ¿Qué tipo de pacientes había en este hospital?

   a) Niños
   b) Adultos
   c) Ancianos
   d) Niños y adultos

3. ¿Qué trabajo desempeñaba el narrador en el hospital?

   a) Doctor
   b) Enfermera
   c) Voluntario
   d) Limpieza

4. Aparte de "destructor de familias", ¿qué expresión usó el narrador para describir el cáncer?

   a) Asesino perfecto
   b) Enfermedad perfecta
   c) Excelente asesina
   d) Destructora asesina

5. ¿Qué lección aprendió el narrador?

a) Jamás quejarse de nuevo
b) Que ser voluntario es lo mejor del mundo
c) Que muchas personas sufren
d) A no subestimar jamás a los pacientes de cáncer

Answers

1. B
2. D
3. C
4. A
5. D

STORY 4

NO HAY LUGAR COMO EL HOGAR THERE'S NO PLACE LIKE HOME

Find the audio for this story: Storyling.com/sp5

Me llamo Gabriela, tengo veintiocho años y estoy por tomar la decisión más importante de mi vida: **irme a vivir a otro país**.

Algunas personas pensarán que no es tan grave, pero no me voy para vivir una aventura como turista o estudiar en otro lado, ni siquiera me voy porque me enamoré de una persona que vive al otro lado del mundo y a quien sólo he visto a través de una pantalla. **Ojalá fuera por esa razón**.

El motivo por el que me estoy viendo **forzada a abandonar** el lugar donde nací, que me ha dado absolutamente todo lo que soy y lo que tengo, y donde he sido inmensamente feliz durante toda mi vida es que ya no se puede vivir aquí.

Voy a comenzar diciendo que nací en una familia de **clase media**, cuyos **ingresos** alcanzaban para vivir **cómodamente** en una casa **alquilada** en una **ciudad**

del interior del país, comer lo que quisiéramos e incluso hacer **turismo interno**. Nunca tuvimos la oportunidad de **viajar hacia el extranjero**.

Cabe destacar que mi **núcleo familiar** era de cinco personas: mi padre, mi madre y mis dos hermanos mayores.

Recuerdo que mis dos hermanos y yo estudiábamos en una escuela privada, teníamos un automóvil familiar usado y un negocio que mi padre manejaba en un pueblo que estaba un poco alejado de la ciudad.

Mi **familia paterna** era muy numerosa, en ese entonces **constaba** de mi abuela de casi ochenta años de edad, mi abuelo que era doce años mayor que ella, mis siete tíos y mi padre, además de ser dieciocho primos contando a mis hermanos y a mí. Esos sólo de la familia directa, sin tomar en cuenta a la **familia política**.

Lo que quiero decir con esto es que todos almorzábamos en casa de mis abuelos, donde siempre había comida para todos y para quien quisiera llegar de improviso. **Comida en abundancia** y **diversión asegurada**, pues todos nos reuníamos para compartir.

Debo decir que nunca me pregunté de dónde salía el dinero para esa cantidad de comida de forma permanente o por qué siempre eran **bien recibidos y atendidos** los vecinos o amigos de cualquiera de nosotros.

Ahora que soy adulta, me he dado cuenta de que todas las relaciones estaban basadas en la confianza y honestidad. Mi abuelo nos contaba que, cuando él era joven, los tratos se cerraban con la palabra. No había necesidad de firmar ningún contrato porque **los hombres tenían honor**, además de que sus palabras valían y "eran ley".

No sé exactamente cómo cambió todo o en qué momento comenzó a cambiar, lo cierto es que cuando yo era niña las calles eran seguras y la policía cumplía su trabajo contra los criminales, en lugar de ser ellos los criminales a quienes había que temer, como sucede ahora.

Debo decir que en un intervalo de tres años, en el medio de los cuales nací yo, la crisis económica y social que venía **gestándose** en la nación llegó a un punto crítico.

Fue entonces cuando hubo un **golpe de estado de orden militar**, luego de muchas protestas que llevaron a cabo los civiles por las **medidas económicas** que estaban sufriendo, en las cuales murieron muchas personas y que lograron **generar estruendo** en el resto del mundo.

Aunque en principio se dijo que eran alrededor de trescientos **fallecidos**, sin contar los heridos o desaparecidos, aun hoy **no se tienen cifras exactas**, pero se ha especulado que el número de víctimas llega a los miles.

Éste fue, en realidad, un golpe **fallido**, debido a que no pudieron lograr sus objetivos y los responsables fueron capturados y **encarcelados**.

Cuando yo tenía alrededor de nueve años, ya la gente estaba cansada de ser gobernada por figuras de la derecha política, el pueblo estaba **harto** de sentirse abusado por estos, y así fue que se **propició** el levantamiento de una fuerza de la izquierda, cuyo líder fue el **dirigente** de ese golpe fallido.

Mucha gente se sintió inspirada por este hombre, pues éste prometía cambiar los errores del pasado y hacer que el país volviera a ser **glorioso y próspero**, como alguna vez fue.

Realmente resultó una persona convincente, quien ganó las primeras elecciones presidenciales a las que se **postuló** por una **amplia mayoría** de votos. Apenas dos años antes de su victoria había sido liberado de la cárcel, gracias a un **indulto otorgado** por el entonces presidente.

A partir de ese momento, las cosas comenzaron a cambiar en la nación. El discurso del recién electo presidente se basaba en la llamada "justicia social", en otorgar beneficios a los más desprotegidos y darle el poder al pueblo, con lo cual siempre tuvo el apoyo de las clases sociales más bajas.

Una de las primeras acciones que tomó, fue modificar **la constitución vigente**, algo que **escandalizó** a algunos y fue muy **aclamado** por otros. Y así continuó manipulando las mentes de los más débiles, pues no aplicaba los **principios de austeridad** que **profesaba**.

Con el paso del tiempo, este personaje fue revelando sus verdaderas intenciones, cambiando leyes **a diestra y siniestra** para mantenerse en el poder y llevar a cabo sus planes personales.

Sin embargo, hubo un **intento de golpe de estado** apenas tres años después de su toma de posesión, debido a las tensiones sociales y cambios económicos que comenzaban a verse y a afectar a la población general.

A pesar de esto, la situación económica en el país fue mejorando para las clases media y baja, llegando a un punto tan alto en el que casi cualquier persona podía **acceder** a comprarse un automóvil nuevo, **mudarse** a un sitio mejor o viajar al extranjero con comodidad.

Toda esta **bonanza económica** estaba **enmascarada** por el aumento de la **deuda externa**, la **disminución de la inversión extranjera**, el **decrecimiento en la exportación** del producto en que se basaba la economía del país y la disminución de la **producción**

interna.

Luego de esta sensación de **riqueza momentánea**, que duró poco tiempo, la economía comenzó a caer en una **espiral indetenible**. No importaron las protestas de quienes estaban en contra, ni las vidas perdidas, tampoco importaron el aumento de la delincuencia ni la **corrupción descarada**.

Poco a poco se comenzaron a **censurar** los **medios de comunicación** y a **nacionalizar** o **expropiar** las empresas más grandes y exitosas del país, llevándolas a **la quiebra** rápidamente, mientras la deuda seguía creciendo y los problemas **agravándose**. Se fue transformando en una **dictadura**.

Este presidente y su **gabinete** se convirtieron en personas **acaudaladas a costa del dinero de la nación**, dejando que el pueblo se hundiera cada vez más en la miseria, teniendo control absoluto sobre los poderes públicos, corrompiendo e incluso **adueñándose** de los **organismos electorales** y de justicia.

Estos **mandatarios** se involucraban cada vez más en actividades inmorales e **ilícitas** y adquirían más poder, lo que impedía que fueran **derrocados**, pero, ¿quién podía hacerles frente de verdad?

El descontento iba creciendo cada vez más, así que se generó una fuerza opositora que parecía que finalmente iba a acabar con la angustia de los ciudadanos, pero ésta fue **perdiendo la credibilidad** y el apoyo masivo de quienes estaban en contra de este gobierno, debido a que sus dirigentes no se ponían de acuerdo en quién sería el líder.

Cada uno quería su **cuota de poder**, así que todo se fue disolviendo. Sumado a esto, estaban los **notorios fraudes electorales**, que fueron logrando que los votantes perdieran la confianza en los organismos públicos y así el gobierno tuviera prácticamente el poder absoluto.

Por supuesto, como en todas las crisis, hubo muchos oportunistas que se aprovecharon de la situación y de la gente, **hurtando** los recursos de la nación, aprovechándose de la necesidad de las personas y de cualquier beneficio que fuera otorgado a éstas.

Asimismo, se crearon mafias en diversas áreas de la vida cotidiana, como la construcción, lo que causó una tremenda desconfianza en nuestros vecinos y conocidos e incluso en **personas allegadas**.

Por otro lado, gracias a las cada vez más absurdas medidas económicas y a la burla constante a los ciudadanos, la inflación ha alcanzado niveles increíbles y la situación no ha hecho más que empeorar, ocasionando la desaparición de **artículos indispensables** para la vida diaria como jabón, comida e incluso medicamentos de toda clase.

Desde que este presidente murió, mientras estaba en el poder, asumió el puesto una persona que carece de cualquier capacidad para desempeñar el cargo, empeorando aún más la **precaria situación** y provocando el **éxodo masivo** de ciudadanos desesperados a otras latitudes.

Cualquier cosa que parezca **inimaginable** y que un pueblo no pueda aguantar ha ocurrido aquí, incluso han estado vendiendo el dinero en efectivo a porcentajes cada vez más altos porque en los bancos **escasea**, tal como todos los demás productos básicos. Es **insostenible**.

Las personas comunes, familiares y vecinos han hecho negocios de la necesidad de los demás, vendiéndoles a **precios exorbitantes** estos productos de primera necesidad. Hay demasiada gente que carece de dinero para mandar a los niños a la escuela, para comprarles ropa o zapatos, incluso para comer, lo que los ha obligado a comer de la basura.

Y aún no he acabado, porque los servicios básicos fallan sin ninguna razón lógica, se suspende el servicio de **agua "potable"**, electricidad o **telecomunicaciones**. Los delincuentes han hecho de las suyas, robando cosas como las tuberías o cables de cobre, además de los de **fibra óptica**, logrando que suspendan los servicios indefinidamente por falta de material y mano de obra para reparar las fallas o reponer el material robado.

La **decadencia** hecha país, aunque el humor de estas personas las ayuda a superar los obstáculos, siempre nos ha ayudado, encontrando la risa en cualquier situación infortunada.

No me quiero ir. Nadie quisiera tener que irse.

Por estas razones, ha sido la decisión más difícil de mi vida, por mi familia que está aquí, aguantando conmigo, apoyándonos entre todos; porque somos **rechazados** en otras naciones y en la nuestra somos extraños; porque no me quiero ir **huyendo**, aunque no pueda quedarme luchando; porque mi vida y la de mis seres queridos corre peligro.

¿Por qué nos han obligado a llegar hasta este punto? ¿Qué tan inhumano se puede llegar a ser? No pierdo las esperanzas de que todo mejore, en algún momento, y de que ni yo, ni nadie más, tenga que abandonar su corazón en busca de un mejor futuro.

Resumen de la historia

Gabriela es una chica de veintiocho años quien está a punto de verse obligada a dejar su país, y no es porque desee hacerlo. Su familia nunca ha tenido una gran cantidad de dinero, pero vivían cómodamente; lamentablemente, comenzó una terrible crisis política, económica y social que tomó su país, una situación generada por un hombre que llegó en los momentos más críticos de la nación prometiendo cambios y quien sólo quería enriquecerse. Ahora, las personas de su país viven sin alimentos ni medicina, y muchos deben comer de la basura. Gabriela piensa que nadie debería tener que dejar su país por una crisis, y desea que pronto pueda volver a ver su nación como era antes.

Summary of the story

Gabriela is a twenty-eight-year-old girl who finds herself forced to leave her country, and it isn't because she wishes to do so. Her family has never had a lot of money, but they lived comfortably; unfortunately, a terrible political, economical and social crisis took over her country, a situation caused by a man who arrived in the most critical moments of the nation and promised changes which were disguising his desires to make himself and his family rich. Now, the people of the nation have no food or medicine, and many must eat from the trash. Gabriela believes that nobody should have to leave their country because of a crisis and wishes that she can soon see her nation as it was before once more.

Vocabulary

- **Irme a vivir a otro país:** Going to live in another country
- **Ojalá fuera por esa razón:** I wish it were for that reason
- **Forzada a abandonar:** Forced to abandon
- **Clase media:** Middle-class
- **Ingresos:** Income
- **Cómodamente:** Comfortably
- **Alquilada:** Rented
- **Ciudad del interior:** Inland city
- **Turismo interno:** Domestic tourism
- **Viajar hacia el extranjero:** Traveling abroad
- **Núcleo familiar:** Family nucleus
- **Familia paterna:** Paternal family
- **Constaba:** Consists
- **Familia política:** Political family
- **Comida en abundancia:** Food in excess
- **Diversión asegurada:** Guaranteed fun
- **Bien recibidos y atendidos:** Well-received and attended
- **Los hombres tenían honor:** Men used to have honor
- **Gestándose:** Growing/Forming
- **Golpe de estado de orden militar:** Military coup d'état
- **Medidas económicas:** Economic measures
- **Generar estruendo:** Causing a lot of noise

- **Fallecidos:** Dead (plural)
- **No se tienen cifras exactas:** Exact numbers aren't available
- **Fallido:** Failed
- **Encarcelados:** Imprisoned
- **Harto:** Sick and tired
- **Propició:** Promoted/Brought about
- **Dirigente:** Officer
- **Glorioso y próspero:** Glorious and prosperous
- **Postuló:** Postulate
- **Amplia mayoría:** Great majority
- **Indulto:** Pardon
- **Otorgado:** Granted
- **La constitución vigente:** The current constitution
- **Escandalizó:** Scandalized
- **Aclamado:** Acclaimed
- **Principios de austeridad:** Principles of austerity
- **Profesaba:** Professed
- **A diestra y siniestra:** Left and right
- **Intento de golpe de estado:** Failed coup d'état
- **Acceder:** Access
- **Mudarse:** Moving out
- **Bonanza económica:** Economic boom
- **Enmascarada:** Masked
- **Deuda externa:** Foreign debt
- **Disminución de la inversión extranjera:** Decrease in foreign investment
- **Decrecimiento en la exportación:** Decline in exportation
- **Producción interna:** Domestic production
- **Riqueza momentánea:**

Momentary wealth

- **Espiral indetenible:** Unstoppable spiral
- **Corrupción descarada:** Blatant corruption
- **Censurar:** Censor
- **Medios de comunicación:** Media
- **Nacionalizar:** Nationalize
- **Expropiar:** Expropiate
- **La quiebra:** Bankrupcy
- **Agravándose:** Worsening
- **Dictadura:** Dictatorship
- **Gabinete:** Cabinet
- **Acaudalados a costa del dinero de la nación:** Wealthy at the cost of the nation's money
- **Adueñándose:** Taking ownership
- **Organismos electorales:** Electoral

bodies

- **Mandatarios:** Leader
- **Ilícitas:** Illicit
- **Derrocados:** Overthrown/Toppled
- **Perdiendo la credibilidad:** Losing credibility
- **Cuota de poder:** Share of power
- **Notorios fraudes electorales:** Notorious electoral frauds
- **Hurtando:** Pilfering
- **Personas allegadas:** Related persons
- **Artículos indispensables:** Essential goods
- **Precaria situación:** Precarious situation
- **Éxodo masivo:** Mass exodus
- **Inimaginable:** Unimaginable
- **Escasea:** Becomes scarce

- **Insostenible:** Intolerable
- **Precios exorbitantes:** Exorbitant prices
- **Agua "potable":** Safe water
- **Telecomunicaciones:** Telecommunications
- **Fibra óptica:** Optic fiber
- **Decadencia:** Decadence
- **Rechazados:** Rejected
- **Huyendo:** Fleeing

Questions about the story

1. ¿Cuántas personas había en el núcleo familiar de Gabriela?

   a) Tres
   b) Cuatro
   c) Cinco
   d) Seis

2. ¿Cuántos tíos tenía Gabriela?

   a) Uno
   b) Cinco
   c) Cuatro
   d) Siete

3. ¿Cuántos primos había en la familia de Gabriela, incluyéndola a ella y sus hermanos?

   a) Cinco
   b) Catorce
   c) Dieciocho
   d) Treinta

4. ¿Cuántos fallecidos hubo en el fallido golpe de estado?

   a) Alrededor de cien
   b) Alrededor de trescientos
   c) Alrededor de mil
   d) No se sabe

5. **Aparte de problemas sociales, ¿qué trajo consigo la crisis?**

a) Disminución de la inversión extranjera
b) Crecimiento de la deuda externa
c) Corrupción descarada
d) Todas las anteriores

Answers

1. C
2. D
3. C
4. B
5. D

STORY 5

PERDIDA MISSING

Find the audio for this story: Storyling.com/sp5

La primera **señal de advertencia** fue cuando ella ni me llamó ni me escribió un mensaje desde Río, como habíamos planeado. Era algo en lo cual **habíamos quedado** — incluso si estábamos **exhaustos**, **sin dinero** o incluso heridos, buscaríamos la manera de comunicarnos el uno con el otro cuando estuviéramos en los **puntos acordados del mapa**.

Habíamos salido de Bogotá, Colombia, María y yo, en un **viaje ambicioso** que iba a llevarnos a través de un camino alrededor del continente y **atravesando** cada una de las capitales suramericanas; todo esto lo haríamos mientras tomábamos fotografías y **ampliábamos nuestros blogs** a través del continente, **captando seguidores** en nuestra nueva página web y cuentas de redes sociales. Buenos Aires era el destino final, donde acabaríamos el viaje, nos despediríamos de nuestros seguidores y donde **nos quedaríamos a vivir** por uno o dos años.

Mi viaje me iba a llevar a través de las ciudades de Quito, Ecuador; Lima, Perú; La Paz, Bolivia; Santiago,

Chile; y luego finalmente a la capital argentina. El viaje de María la llevaría por Caracas, Venezuela; Georgetown, Guyana; Paramaribo, Surinam; Cayena, Guayana Francesa; y finalmente por Brasilia y Río de Janeiro, Brasil. Era un viaje tan ambicioso como lo era increíble, y nuestros amigos habían estado emocionados con la idea de lo que nos esperaba.

El problema era que ya yo sólo estaba a un día del lugar donde habíamos acordado encontrarnos como punto final y ella no había enviado un mensaje desde hace días. De hecho, ella se suponía que estaba a sólo día y medio de Buenos Aires **a esta altura** también. Río no era un lugar sin teléfonos o ayuda, si eso era lo que necesitaba, así que yo ya me estaba comenzando a preocupar bastante. El hecho de que ella **no había actualizado sus redes sociales** era mucho peor, además.

Habíamos traído algo nuevo al mundo de los viajes en las redes sociales, creando una página web interactiva que atraía a muchas personas y les daba la oportunidad de conocernos durante nuestras travesías y ser parte del blog. Había hecho que el **trayecto** fuera mucho más emocionante, y millones alrededor del mundo estaban siguiendo nuestro recorrido a través del hermoso Nuevo Continente.

La verdad es que yo no estaba sólo asustado porque alguien a quien conocía o que me importaba podía estar en peligro — estaba **aterrorizado**. ¿Y por qué era eso? Pues, porque tenía algo esperando por ella cuando llegar a Buenos Aires.

¿Un regalo? **Podrías preguntar**. *¿Una noche afuera y un viaje en un restaurant costoso?*

No...algo **sumamente más importante**. El anillo se sentía pesado en mi bolsillo, pero yo no lo iba a poner en ninguna otra parte hasta que estuviéramos juntos nuevamente.

Yo iba a proponerle matrimonio, esta mujer de mi vida a quien amaba más que a nada.

No era un secreto que sentíamos ciertas cosas el uno por el otro, a pesar de que nunca habíamos tenido una relación formal juntos. Siempre habían sido una serie de momentos románticos que no llegaban a nada, y nuestros seguidores siempre nos estaban diciendo que hiciéramos algo por ello. Afortunadamente, la travesía nos había unido más que cualquier otra cosa, sorprendentemente, y ella me había dicho regularmente en secreto cuánto extrañaba estar a mi lado.

Todo eso era hasta que desapareció.

Yo viajé ese último día, sintiéndome **deprimido** y nervioso con la noticia que iba a recibir cuando llegara a mi destino. Quizás ella había estado involucrada en un accidente en el camino, pensé, o quizás algo peor había ocurrido. Había pasado a través de sitios peligrosos durante su viaje, y yo no dejaba de preguntarme si quizás yo debía haber tomado este lado noreste de Suramérica, en vez del tour **suroccidental** más seguro. Si algo le pasaba, era completamente mi culpa.

"¿Señor, estás bien?" preguntó alguien, y volteé a ver una joven adolescente mirándome desde otro asiento en el bus con el ceño fruncido.

"Yo...bueno, estoy más o menos. ¿Cómo estás tú?" pregunté, tratando de hacer más **agradables** las cosas para los dos.

"Me pareces familiar. ¿Eres Salvador, el chico que está cruzando Suramérica con su novia?"

La sonrisa vino automáticamente a mi cara, a pesar de las circunstancias, y me sentí orgulloso de poder ser reconocido tan fácilmente.

"Sí, soy ese tipo."

Ella **asintió**, una **sonrisita** apareciendo en su cara.

"Lo pensé. ¿Por qué te ves tan triste? ¡Ya casi llegas a tu destino!"

Dudé, pero alguien debía de saber qué ocurría.

"Tengo miedo, querida. Verás, María está desaparecida."

La joven **se calló** y se me quedó mirando por un largo rato, captando lo que yo acababa de decir. De repente me sentí preocupado e incliné la cabeza, a punto de preguntarle si estaba bien, pero ella me interrumpió.

"Ya va, ¿de qué hablas? Acaba de publicar — ¡está afuera de Buenos Aires y pide disculpas por haber tenido que **reemplazar** su teléfono!"

Mi corazón comenzó a **latir extremadamente fuerte** y me paré frente a mi asiento, causando que muchos se voltearan a verme.

"¡¿De verdad?!"

"Sí, Salvador. Cálmate. No mentiría sobre algo así." Giró su teléfono hacia mí y las lágrimas llenaron mis ojos.

Abracé a la chica y me tomé un selfie con ella, publicando sobre lo que acababa de suceder.

Treinta horas después, ya estaba en Buenos Aires, y nuestros tres millones de seguidores en redes sociales la estaban observando darme el **anhelado y añorado** *"Sí"*.

Era el momento de mi vida entera.

Resumen de la historia

Santiago y María han decidido cada uno tomar un viaje alrededor de Suramérica, él por el occidente y ella por el oriente, recorriendo cada una de las capitales de los países que van a visitar. Extrañamente, María deja de responder los mensajes y actualizar sus redes sociales, y Santiago comienza a preocuparse. No es hasta que se encuentra con una seguidora que le dice que María está bien y ha llegado al destino que puede calmarse, y por fin cumplir con pedirle matrimonio a su amada como deseaba desde hace tiempo. Al final, todo termina bien.

Summary of the story

Santiago and Maria have each decided to take a journey around South America, him around the west and her around the east, traveling through each of the capital cities of the countries they plan to visit. Strangely, Maria stops responding to messages and updating her social media, and Santiago begins to worry. It isn't until he finds himself face to face with a follower who tells him that Maria is okay and has arrived at their destination that he can calm down, and finally proposes to the woman he loves like he had wanted to for so long. At the end, everything ends well.

Vocabulary

- **Señal de advertencia:** Warning sign
- **Habíamos quedado:** We had ended up
- **Exhaustos:** Exhausted
- **Sin dinero:** Without money
- **Puntos acordados del mapa:** Agreed points on the map
- **Viaje ambicioso:** Ambitious trip
- **Atravesando:** Traversing
- **Ampliábamos nuestros blogs:** Growing our blogs
- **Captando seguidores:** Capturing followers
- **Nos quedaríamos a vivir:** We would stay and live
- **A esta altura:** At this point
- **No había actualizado sus redes sociales:** Hadn't updated her social media accounts
- **Trayecto:** Route
- **Aterrorizado:** Terrified
- **¿Un regalo? Podrías preguntar:** A gift? You may ask
- **Sumamente más importante:** Incredibly more important
- **Yo iba a proponerle matrimonio:** I was going to propose to
- **Deprimido:** Depressed
- **Suroccidental:** Southwestern
- **Agradables:** Nice
- **Asintió:** Nodded
- **Sonrisita:** Little smile
- **Dudé:** I doubted
- **Se calló:** Became

quiet

- **Reemplazar:** Replace
- **Latir extremadamente fuerte:** Beating really hard

- **Anhelado y añorado:** Yearned and longed for

Questions about the story

1. ¿De dónde salieron los viajeros?

a) Cartagena, Colombia

b) Panamá

c) Caracas, Venezuela

d) Bogotá, Colombia

2. ¿Cuál era el destino final del viaje?

a) Buenos Aires, Argentina

b) Mar de Plata, Argentina

c) Montevideo, Uruguay

d) Madrid, España

3. ¿Quién iba a atravesar Paramaribo, Surinam?

a) María

b) Santiago

c) Ambos

d) Ninguno

4. ¿En qué ciudad dejó de actualizar sus redes sociales María?

a) Brasilia, Brasil

b) Buenos Aires, Argentina

c) Cayena, Guayana Francesa

d) Río de Janeiro, Brasil

5. ¿Qué sorpresa le tenía Santiago a María?

a) Un anillo de matrimonio
b) Una recompensa en dinero
c) Que se mudarían juntos
d) Una caja de regalo

Answers

1. D
2. A
3. A
4. D
5. A

CONCLUSION

We have now reached the end of this amazing book and hope you have greatly enjoyed reading and learning from it!

As we mentioned from the beginning, these stories have been selected from our language-learning platform, Storyling, meaning that if you truly liked them, then there are many more similar stories and articles to be found once you get started with us! Gripping tales, emotional real-life stories, unbelievable scientific and health articles... we've got it all on Storyling.com, all with the intention of making the learning process as entertaining and educational as possible (because it *is* possible to have both)!

But now that we're done, we want to continue providing you with value, which is why we're going to hand you a few final suggestions to make your studying easier and your results much better:

5 Tips to Boost Your Results When Studying

1. Use the RwL method: Reading while Listening will enhance your learning in significant ways. It eliminates the background distractions and improves your pronunciation. Try to focus on learning through this method and you will see the results!

2. Find a study partner: Studying alone is fine, but when people get together, big things happen! Have your significant other, sibling or best friend study with you on **Storyling** and you will soon grow quicker than you would have on your own! Plus, you will both be able to speak in this new, fascinating language together!

3. Take note of vocabulary you need to learn: This is an amazing technique that will help you greatly – don't let those tough words slip away and take notes of them before you forget to study them!

4. Be patient with yourself: This isn't a race of any kind, and you're allowed to make mistakes. Don't let small frustrations ruin your big moment at learning a new language! Step-by-step, you're going to reach the goal! The fact that you've already started learning means you're willing to struggle and fight your way to the achievement!

5. Make learning fun: Don't just study all day for the sake of it! Make it an activity, set daily objectives and provide yourself with rewards for learning. Complement it with a few minutes of music, snacks and other distractions during your short breaks to keep the mind flowing and the knowledge growing! Everything will become much more interesting once you've done it!

With all of that said, it's time to say goodbye... But don't be upset, we'll be seeing you soon on Storyling.com! Get started now on our website and begin learning Spanish in a quicker and more effective way!

Good luck... and never stop believing in yourself!

<u>THE END</u>

Made in the USA
Las Vegas, NV
07 May 2021

22607143R00039